La canción que me salva

The Song that Saves Me

MUSEO SALVAJE

Colección de poesía

———————————————

Poetry Collection

WILD MUSEUM

Sergio Geese

LA CANCION QUE ME SALVA

THE SONG THAT SAVES ME

Traducción
Miguel Falquez-Certain

Nueva York Poetry Press LLC
128 Madison Avenue, Oficina 2RS
New York, NY 10016, USA
Teléfono: +1(929)354-7778
nuevayork.poetrypress@gmail.com
www.nuevayorkpoetrypress.com

LIBRO EN COEDICIÓN SIMULTÁNEA:
© Primera edición en Buenos Aires, 2019, Abisinia Editorial
© Primera edición en Colombia: 2019, Editorial Escarabajo Ltda.

La canción que me salva
The Song that Saves Me
© 2019, Sergio Geese
© Traducción: Miguel Falquez-Certain

ISBN-13: 978-1-950474-03-5
ISBN-10: 1-950474-03-8

© Colección Museo Salvaje vol. 16
(Homenaje a Olga Orozco)

© Concepto de colección y edición:
Marisa Russo

© Diseño de colección y cubierta:
William Velásquez Vásquez

© Fotografías del autor: Sofía Macarena Castillón

Sergio Geese
La canción que me salva/ The Song that Saves Me - Sergio Geese. 1a edi-- New York: Nueva York Poetry Press, 2019. 160 p. 5.25 x 8 inches

1. Poesía argentina. 2. Poesía sudamericana. 3. Literatura latinoamericana.

Todos los derechos reservados. Esta publicación no puede ser reproducida, ni en todo ni en parte, ni registrada en o transmitida por, un sistema de recuperación de información, en electroóptico, por fotocopia, o cualquier otro, sin el permiso previo por escrito de la editorial, excepto en casos de citación breve en reseñas críticas y otros usos no comerciales permitidos por la ley de derechos de autor. Para solicitar permiso, contacte a la editora por correo electrónico: nuevayork.poetrypress@gmail.com.

A María del Carmen Quse y a Daniela Geese,
por su amor incondicional

A Fredy Yezzed,
por beber y masticar este libro conmigo

A quien desde el silencio
me da su ternura para que transite mi camino

To María del Carmen Quse and Daniela Geese
for their unconditional love

To Fredy Yezzed
for drinking and chewing on this book with me

To whoever gives me tenderness
from silence, so my path may be crossed

*Supongamos, poesía, que en medio de la desesperación
cantas y te acostumbras a la luz del día.*

ADONIS

Let's suppose, poetry, that in the midst of despair
You sing and get used to daylight.

ADONIS

El duelo

Hundí mis manos en tus cabellos, yo supe del sueño destruido, de la mano que se ausenta para empuñar el dolor. No es fácil masticar la hoja del puñal que nos lastima, no es fácil señalar la herida. ¿Qué gorrión cantará sobre mi sangre? A todos nos viste la noche, y nos hundimos en ella, como una luna en un vaso de vino.

THE DUEL

I sank my hands into your hair, I knew of the shattered dream, of the hand that takes its leave to seize the pain. It is not easy to chew the blade of the dagger that is hurting us, it is not easy to point at the wound. What sparrow will sing about my blood? The night dresses us all, and we sink into it, like a moon in a glass of wine.

ORACIÓN ANTES DE NACER

Señor, ¿Qué hago con este reloj que pesa sobre mis piernas? Mis ojos buscan tu gesto de compasión, el color de tus palabras en las calles, la apretada raíz de mi materia. Hoy nadie reparte pan y peces entre la gente; somos la nube que se desvanece acunando la idea del cielo.

    Señor, eres invisible como un secreto. Tu voz solo se escucha en el silencio. Un rezo de hormigas dibuja mi fe y mi corazón abraza lo imperfecto; un destello de tu amor se hace pesebre en la hora de este parto.

PRAYER BEFORE BEING BORN

Lord, what should I do with this clock weighing on my legs? My eyes are seeking your expression of compassion, the color of your words in the streets, the tight root of my matter. Today, no one is handing out bread or fish among the people; we are the vanishing cloud cradling the idea of heaven.

    Lord, you're invisible like a secret. Your voice is only heard in silence. A prayer of ants draws my faith, and my heart embraces imperfection; a flash of your love becomes a manger at the moment of this birth.

Una madre suiza

A María del Carmen Quse

Hay dolores que me llevan a rincones de la memoria. Hay nostalgias que iluminan los espacios inhóspitos de mis fábulas. La niñez montada de momentos donde la fiebre era dueña de mis juegos. Me recuerdo con el pecho oprimido y la fiebre danzando en mi cuerpo. El brasero en el dormitorio, vapor y eucalipto para la tierra de un corazón travieso, vigilia nocturna acariciando mi sueño. Era un niño y me sentía tan árido.

El frío recorría hasta lo más tierno de mis extremos. Paños con agua y vinagre perfumando mi frente. Era un pequeño y me encontraba callado. El amor trae calores, ventosas de la abuela, luciérnagas en los remedios, una madre suiza para un jarabe perfecto.

Cuando la vida duele, busco al niño enfermo, para sentirme humano, bajo el calor de este recio manto.

A Swiss Mother

To María del Carmen Quse

There are pains that take me to the corners of memory. There are nostalgias that illuminate the inhospitable spaces of my fables. Childhood staged with moments when fever owned my games. Tightness in my chest and the fever dancing on my body, I remember. The brazier in the bedroom, steam and eucalyptus for the land of a naughty heart, night vigil caressing my dream. I was a child, and I felt so dreary.

    The cold traveled down to the tenderest part of my extremities. Cloths drenched with water and vinegar perfumed my forehead. I was little and quiet. Love brings warmth, my grandmother's cupping glasses, fireflies inside the remedies, a Swiss mother for a perfect syrup.

    When life hurts, I look for the sick child who makes me feel human under the warmth of this sturdy cloak.

Carta de despedida para Alberto

Era bello tu cuerpo, yo lo vi, tendido en la mesa mientras lo limpiaban los empleados de la funeraria. Era bello tu cuerpo, blando, mudo, tibio. Aún lo recuerdo, como cuando descubrí tu rostro cubierto por la nieve.

No hay huérfanos en el mundo. Sólo hay búsquedas postergadas, seguimos vivos y muertos de alguna manera, la manía de herir nuestra imagen, de llevar el sentir donde aún no habitamos.

Un horizonte más cruza nuestros días

A Farewell Letter for Alberto

Your body was beautiful; I saw it, laid out on the table while a mortician cleaned it. Your body was beautiful — soft, silent, warm. I still remember it, like when I discovered your face covered by the snow.

There are no orphans in the world. There are only postponed searches, we are still alive and dead somehow, the compulsion of hurting our image, of carrying the feeling of the place where we don't yet live.

Another skyline crosses our days.

Bambuco de los Exiliados

a Fredy Yezzed

Viajé sin pensamiento. Un coro de miedos alzaba el trino de los teros. En el claro de la niebla confundí mi cuerpo con los juncos. Me sentí árbol y contuve mis fuerzas bajo las flores de las tipas.

Viajé sin pretensiones. Mis pies adoptaban piedras en la espesura de los senderos. La estrella cuidaba la fogata. Borré las marcas, cambié de patria, rompí mi nido.

La noche hizo su trabajo: se comió mis ojos.

THE EXILES' BAMBUCO

To Fredy Yezzed

I traveled without thinking. A chorus of fears raised the lapwings' trill. When the fog cleared, I confused my body with the reeds. I felt like a tree and held my strength back under the rosewood flowers.

I traveled unassumingly. My feet adopted the stones in the thicket of the trails. The star watched over the bonfire. I erased the marks, changed homelands, destroyed my nest.

The night did its job: it ate my eyes.

CÍRCULOS DE DANTE

La deuda con lo que no fuimos
nunca se pagará.
JUAN GELMAN

Ahora, Dante, cuando una pluma determina la voz grave y urgente de los hombres, canta un verso que nos salve, suelta una imagen que nos redima.

Somos mariposas trenzándonos en el fuego, ya no podemos decir: *yo no fui,* el ardor devora las orquídeas y un camino agitado de flechas irrumpen nuestros pasos. ¿Cuándo fue que olvidamos la sonrisa?

Ahora, Dante, en este círculo de rondas incesantes, pídele a Virgilio que ilumine a nuestras páginas.

El martillo golpea nuestros hierros, y forjamos la guadaña que lacera este río. Cultivamos el frío que enmudece el suelo. El níquel de la aurora, el cobre del veneno, las lágrimas cargan las horas que poblamos de sigilo.

Ahora, Dante, necesitamos tus ojos en nuestra presencia. Que tu pluma nos salve del infierno.

DANTE'S CIRCLES

> *The debt to what we never became*
> *Will never be paid.*
> JUAN GELMAN

Now, Dante, when a quill determines men's deep, urgent voice, sing a verse that may save us, let out an image that may redeem us.

We are butterflies interweaving in the fire, we can no longer say: It wasn't me, the heat devours the orchids, and our steps rush onto a path flurried with arrows. When was it that we forgot how to smile?

Now, Dante, in this circle of unending rounds, ask Virgil to enlighten our pages.

The hammer strikes our irons, and we forge the scythe that wounds this river. We nurture the cold that silences the ground. Dawn's nickel, the poison's copper, the tears carry the hours we populate with secrecy.

Now, Dante, we need your eyes among us. May your quill save us from hell.

El grito sagrado

> *¿Quieres más que matarme,*
> *después que me apresaste?*
> Antigona, Sófocles

Tres

Es el comienzo de la cicatriz que arde. Es el número que multiplica nuestros naufragios. Es el ave que anuncia el amanecer y la noche.

Cero

Aquí está el cuerpo. La espina escandalosa, la ruta del dolor. ¿Qué brisa nos llevará a su encuentro? ¿Qué ráfaga traerá su voz?

Punto

La frontera es de niebla, ¿porqué tapar la luna cuando es la única lumbre posible? Nosotros hemos aprendido a vivir con su ardor. El Ojo no puede soportarla.

Cero

Respiramos el beso, masticamos la rosa, sabemos de la ofensa.

THE SACRED SCREAM

> *Would you do more than take*
> *and slay me?*
> SOPHOCLES, ANTIGONE

THREE

This is the beginning of the burning scar. This is the number that multiplies our shipwrecks. This is the bird that heralds the dawn and the dusk.

ZERO

Here's the body. The shocking thorn, the path of pain. What breeze will lead us to meet him? What gust of wind will bring back his voice?

POINT

If fog is the border, why cover the moon when it's the only possible light? We've learned to live with its heat. The Eye cannot endure it.

ZERO

We breathe in the kiss, we chew on the rose, we know about the affront.

Cero

El acero manda, el caburé caza, los bastones escupen sus agrias moras. El amor de los que no están, derriten los témpanos de los diarios.

Cero

Es el círculo de la historia. El que niega esconde su alcancía. Lo que en el mundo hacen, en el mundo queda. En esta fría madrugada, una gota de rocío germina en el clamor de La Plaza.

ZERO

The steel rules, the owl hunts, the staffs spit their sour blackberries. The love from those who are no more melts the newspapers' icebergs.

ZERO

This is the circle of history. The denier hides his piggy bank. What they do in the world, stays in the world. In this cold dawn, a drop of dew burgeons in the uproar at the Plaza de Mayo.

LA TREGUA

Hay un silencio santo en los domingos, un aroma a descanso, una lluvia de ensueño acariciando la siesta. Las sábanas agradecen el sudor en el fuego compartido, y los cuerpos se envuelven en el encuentro no obligado.

Dialogar lo sagrado es acariciar el día con las uñas prendidas de hierba.

THE TRUCE

There is a holy silence on Sundays, a scent of ease, a dreamy rain caressing the siesta. The bed sheets appreciate the sweat from the shared fire, and the bodies entangle in the unforced meeting.

To talk about the sacred is to caress the day with your nails with grass on fire.

La Poesía

a Inés Manzano i.m.

¿Cuánto pesa la pluma de un pájaro? ¿Cuánto pesa su vuelo enjaulado? La diferencia no está en el árbol, no está en el aire, la diferencia está en la belleza de su canto.

POETRY

To Inés Manzano, in memoriam

How much does a bird's feather weigh? How much does its caged flight weigh? The difference is not in the tree or in the air, but in the beauty of its song.

EL AGUA

Y ahora cuando poseo todo lo indeseado, cuando la luz del sol tiene valor, cuando la vida es un abrazo que no se puede evitar. Dime *agua*, y abriré mis labios para beber la presencia de tu amor. Dime *arrullo* para que pueda encontrar la mano donde el dolor se apaga.

El reloj marca los rostros, la espera, los sentidos, y el río corre en los canales sin saber que es tiempo. El agua es agua, tenemos esa obsesión de medir el mundo.

Soy el que besa el aire con los ojos cerrados, el que contempla cada fruto en la piel, el que venera los lapachos y llora ante la torcaza recién nacida.

Transito la luna de mis días, y no encuentro el aliento vital.

WATER

And now that I have everything I never wanted, when the sunlight is valuable, when life is a hug that cannot be avoided, say *water*, and I will open my lips to drink up your love. Say *lullaby*, so I can find the hand where pain dies out.

The clock marks the faces, the wait, the senses, and the river runs through canals oblivious to time. Water is water — we are fixated on measuring the world.

I am the one who blindly kisses the air, the one who looks at the skin of every fruit, he who worships trumpet trees and weeps in the presence of the newborn eared dove.

I roam the moon of my days, and I cannot find life's breath.

LAS CARTAS

En las piernas del cartero va el empuje de una espera. Kilos de palabras lleva en su bicicleta, un retoño, una reja de monedas, una mano que acaricia, una postal del alma, son ahora la fuerza de pedalear las calles.

Cling, cling, suena el camino; toc, toc, clama una puerta. La voz del cartero anuncia una presencia. En un sobre tenue hablan los días.

The Letters

The thrust of waiting goes with the mailman's legs. He carries pounds of words on his bike: a sprout, a grate of coins, a caressing hand, a postcard from the soul — he finds his strength in them for pedaling the streets.

Clink, Clink — sounds of the road; knock, knock — clamors of a door. The mailman's voice announces an appearance. The days speak from a thin envelope.

LOS PECES

a Zygmunt Bauman, i.m.

No es fácil salir de la frontera que te imponen, Shylock te llama, la vitrina te sonríe, las marquesinas te ordenan. Todos quieren tus vísceras, tus fuerzas, tu luz.

    Solo pocos peces ven el cielo sin ser pescados.

The Fish

To Zygmunt Bauman, in memoriam

It's not easy to cross the boundaries they impose upon you: Shylock's calling you, the shop window's smiling at you, the awnings are telling you what to do. They all want your guts, your strength, your light.

Just a few fish manage to see the sky without being caught.

TANGO SIN PAN

Hay que volver a la herida. La vigilia no es de aromas ni de clavos. Su negritud cubre los jazmines, cubre el pecho de las mujeres, cubre lo muerto. Hay que volver a la herida y no hay placer en volver a ella. Solo está la máscara viva de una fragilidad impensada. Te gusta este licor, este lecho seco, esta ráfaga de ausencias.

Tu desnudez te devela, la flecha apunta a ti. Opaca tu cuerpo, tu voz, tus gestos. Se hace menos visible tu rostro incrédulo, donde los miserables festejan frente a tu puerta, se ensañan contra un campo fértil, se hacen fuertes ofreciendo un plato de espina.

A Tango Without Bread

We've got to get back to the wound. The vigil isn't made out of scents or nails. Its blackness covers the jasmines, covers women's breasts, covers the dead. We must return to the wound, and there's no pleasure in returning to it. There's just the living mask of an unforeseen frailty. You like this liquor, this dry bed, this burst of absences.

Your nakedness reveals you; the arrow is aiming at you. It hides your body, your voice, your expressions. Your skeptic face becomes less visible to the wretched ones celebrating across from your door, glutting their cruelty on a fertile soil, becoming stronger by offering a plate of thorns.

LA CALLE DESNUDA

—Hola —dice el muchacho.

—Hola —contesta la chica.

Un muro se ha derrumbado, un muro verbal se construye. Los ojos muestran la fragilidad del encuentro, las esperanzas urgentes, los días magros.

—¿Cómo te llamas? —pregunta el muchacho.

—Perla —contesta ella.

Las nubes tejen lluvia. Sus ojos no están acostumbrados y bajan sus miradas, y la senda del pan se abre camino a paso negado.

—¿Y adónde vamos? —pregunta él.

— Hay un trigal detrás de los muros —susurra la mujer.

Ella sabe más, sigue la huella de los pies desnudos. Él transita ansioso con su voz temblorosa. Tan bellas las lilas, tan vacío el jarro, y en un cuarto de luz tenue, construyen paredes, dos amantes.

The Naked Street

"Hello," the boy said.

"Hello," the girl said.

A wall has collapsed, a verbal wall is being built. The eyes show the flimsiness of the encounter, the urgent hopes, the lean days.

"What's your name?" the boy asked.

"Pearl," she said.

The clouds are weaving rain. Because their eyes are not used to, they look down, and the path of bread opens the way at a quick pace.

"And where are we going?" he asked.

"There's a wheat field behind those walls," the woman whispered.

She knows more, following the barefoot prints. He moves uneasily with a trembling voice. The lilacs are so beautiful, the vase, so empty, and the two lovers build walls in a dimly lit room.

TRATADO DE LA IRA

Salir de la casa es salir del mundo. El tiempo son los barrotes de la cárcel que ofrece la ciudad. Debo llegar a la luz pactada, la manifestación vive en otra latitud.

El colectivo queda varado y las bocinas suenan sin cesar. La gente escucha de fondo los bombos febriles de las arengas. Los hombres gritan con pancartas en la calle. Mi humor se asfixia con cardos secos. Mi rostro sufre un combate de miradas. Quiero huir de esta caldera. Saltar y escupir mis dientes con la fuerza de un látigo.

Toco el timbre, me bajo y camino. Buenos Aires, tu sangre me pesa en esta ira de los todos.

A Treatise On Rage

Leaving the house is leaving the world. Time is the prison bars the city offers. I must reach the agreed light; the protest lives in another latitude.

The bus is stalled, and the horns are honking incessantly. People hear in the background the feverish humdrum of long-winded speeches. Men with signs are yelling in the streets. My mood chokes on dry thistles. My face is the victim of a battle of glances. I'd like to run away from this cauldron, to jump and spit out my teeth with the force of a whip.

I ring the bell, get off, and walk. Buenos Aires, your blood weighs on me through this wrath of it all.

Yaravi para los nuestros

Cantan, besan, viajan por la tierra con su felicidad de muertos, ya nada apremia su día, son libres. Los muertos hacen el amor cuantas veces quieren. La voz clama, solo la tormenta puede abrazarla, solo el agua puede obsequiarle el morir. Cuando dejan de soñar se produce un rito con olor a hierba fresca. Ahora la mudez golpea como el viento contra la ventana. Los muertos en medio de las tinieblas revientan en luz.

TORCH SONG FOR THOSE LIKE US

They sing, they kiss, they roam the earth with the bliss of the dead on their faces, nothing rushes their day, they're free at last. The dead make love as many times as they want. The voice cries out; only the storm can embrace it, only water can grant its death. When they stop dreaming, a fresh-grass-smelling ritual takes place. Now, silence strikes the window like the wind. In the midst of darkness, the dead burst into light.

El mapa

Veo la mesa de madera rústica, acaricio sus arrugas y un mapa de memorias llega a mí, un mantel que se abre, un vino que se vuelca y se impregna en sus fibras.

Una moneda gira en el aire, como determinando la suerte de todos. Cara, el prócer gana la batalla ¿el pueblo se libera? Seca, el día sigue igual, ¿hay que esperar otra afrenta? La copa se levanta, pongo más néctar en mis labios y lo sirvo en tu boca, la sed nos une, la presencia nos ata, la desaparición nos empobrece, el apetito nos llama.

En la miseria el pan es más mío, el vino es más mío, la mesa es más mía. Corazones enrejados, ojos corroídos, la piel no sabe de inocencia. Ya no gira la moneda en el aire, el metal se puede olfatear. Somos nosotros, el pasado, el presente, donde nada se toca, nada se tiene, nada se queda. Somos un mapa de invenciones, una ráfaga de viento, un borrador trágico en las manos de un niño, que no sabe qué hacer con estos versos.

THE MAP

I see the rustic wooden table, I caress its wrinkles, and a map of memories comes back to me: a tablecloth being laid out, a glass tipping over, and the wine soaking its texture.

A coin is flipping in the air, as if it were deciding the fate of them all. Head: the hero wins the battle, the people break their chains? Tails: the day is still the same, should we expect another offense? The glass rises, I put more nectar on my lips and pour it in your mouth; the thirst unites us, the presence binds us, the disappearance impoverishes us, the appetite is calling us.

In poverty, the bread is more mine, the wine is more mine, the table is more mine. Fenced-in hearts, corroded eyes, the skin knows nothing of innocence. The coin is no longer flipping in the air, the scent of metal can be smelled. It's us: the past, the present, where nothing can be touched, nothing is possessed, nothing stays. We're a map of inventions, a gust of wind, a tragic eraser in the hands of a child who doesn't know what to do with these lines.

Los perdidos

Te vi pasar joven, callado, largando tu cansancio en una bocanada de humo, tus amigos no son muy diferentes a vos, los días y los miedos viven en sus ropas, todos beben de una vasija; ella lleva una danza y seduce paseándose de uno a otro, y todos ríen, todos chiflan, todos silencian el vidrio de la realidad.

No hay libros, ni padre, ni ensoñación, algunos llevan puesto los colores por los que pueden amar o morir, con los bolsillos flacos sacan un papel de química ilusión, una ruleta trágica sortea el escape. La rueda de la fortuna. La tómbola de este descanso, ¿Quién se adueña de la estrella que no deja de crecer?

Yo me crié con otros vueltos, los vecinos mateaban con el aire, conversaban con el jacarandá. Ahora miran en tu cuerpo frágil una rosa envenenada, un aroma de temor.

Antes esto era verde, te podía mirar y alegrarme, vestías una camisa de Grafa, un zapato con puntera. Racimos de bicicletas esperando la chicharra para cortar el tiempo del sueño, para llevar el gozo prendido de sudor.

THE LOST

I saw you passing by, young, quiet, getting rid of your exhaustion in a puff of smoke; your friends aren't very different from you, the days and the fears live in their clothes, they all drink from a jar; she dances and seduces them, strolling from one man to the next, and they all laugh, they all whistle, they all silence the glass of reality.

There are no books, no father, no fantasy, some are wearing the colors for which they can love or die, from their thin pockets they take out a paper of chemical illusion, a tragic roulette draws lots on the escape. The wheel of fortune. The raffle of this recess. Who is taking over the ever-growing star?

I grew up in other places, our neighbors drank mate with the air, and they chatted with the fern trees. They now see in your frail body a poisoned rose, a scent of fear.

Once this was green, I could look at you and rejoice, you wore a "Grafa" shirt, a toecap shoe. A bunch of bikes waiting for the cicada to interrupt the sleeping time, to bring joy soaked in sweat.

El tesoro escondido

Éramos niños. Una voz adulta nos llamaba para buscar regalos por los rincones ocultos. Alegría en la casa de una amiga. Tarde de juegos, torta con velas, frescura del aire. Cada quien encontraba la mágica sorpresa de la fiesta. La risa profunda que crecía con nosotros se hizo parte de una historia.

    La vieja arena nos vuelca y nos golpea dentro del vidrio del tiempo. Ahora nos paramos debajo de un ceibo para ver si trinan los nidos entre las ramas vacías.

The Hidden Treasure

We were kids. An adult voice called us to look for gifts in hidden corners. Joy in a friend's house. Afternoon of games, cake with candles, coolness in the air. Everyone found the magical surprise gifts of the party. The deep laughter growing up with us became part of a story.

The old sand tips us over and hits us inside the hourglass. We're now standing under a cockspur coral tree to find out whether the nests are chirping on the empty branches.

LAS CUATRO ESTACIONES

Un cuchillo corta la naranja en cuatro partes: la primera para el murciélago, la segunda para la tierra sedienta, la tercera para el huerto de la amada, y la cuarta para el niño que duerme en la hamaca.

Sobre la mesada queda el jugo, lo junta la hormiga, lo bebe la mosca, lo ilumina la radio. A la hora de comer todos piden su parte. La calle vibra al compás de una semilla.

THE FOUR SEASONS

A knife cuts the orange in four quarters: the first quarter for the bat; the second one for the thirsty soil; the third one for the orchard of the beloved; and the fourth one for the child sleeping in the hammock.

The juice is left on the counter, the ant puts it together, the fly drinks it, the radio lights it up. When it's time to eat, everybody asks for their share. The street vibrates to the rhythm of a seed.

POEMA EN PROSA A LOS NAVEGANTES

¿Qué gusto tiene el pan de los mendigos y de los banqueros? ¿Cuánto se suda subiendo la montaña? ¿Cómo abraza el sol al caminante? ¿Cómo cala el frío a los sureños? ¿Cómo cantan los ríos su canción de sexo? ¿Cómo la muerte abriga nuestros miedos?

Tal vez nunca lo sabré, nadie lo responda, nunca lo soñemos, pero cada intento es el misterio y la danza. Cada escrito es un nido que espera. Maravilla del que habla y del que escucha, raíz que crece en el terruño y alas que lo elevan en el sueño. Ahora escribe, duda, intenta, porque los otros son tus maestros y nosotros, apenas, navegantes en un lecho de sal.

Prose Poem to Sailors

What does the bread of beggars and bankers taste like? How much do you sweat climbing up the mountain? How does the sun hug the wayfarer? How does the cold bite southerners? How do the rivers sing their sex song? How does death harbor our fears?

Perhaps I'll never know, don't let anybody answer it, may we never dream about it, but every attempt is a mystery and a dance. Every piece of writing is a waiting nest. Wonder of the speaker and of the listener, root that grows in the homeland, and wings that fly it in the dream. Now write, hesitate, try, because the others are your teachers, and we're barely sailors in a bed of salt.

TELEGRAMA DE HUMOR
CONTRA LA DESIGUALDAD

¿Quién inscribe en el cuadro de honor al hombre que hace una buena sopa de fideos? ¿Quién valora a la mujer que lee cuentos a los niños? ¿Quién recuerda al bombero que juega al carnaval con sus vecinos?

Así de caprichosa es la justicia, oculta a los probos y expone a los resplandecientes.

HUMOROUS TELEGRAM AGAINST INEQUALITY

Who'd register in the honor roll the man who makes a good noodle soup? Who appreciates the woman who reads stories to children? Who remembers the firefighter who plays dress-up with his neighbors?

So whimsical is justice: it conceals the honest ones and celebrates the blazing ones.

MATERIA DE LLANTOS Y CARDOS

La piel manda, no hay nada en estas horas. Un beso arrojado del piso siete cae por la ventana. Un brote de luz juega en las maderas del placard rompiendo el oscuro deseo. ¿Qué valentía oculta podrá germinar entre estas paredes? ¿Cómo hacemos para seguir manteniendo estos besos solos, estas caricias desvanecidas, este confeso pudor del alma?

Caigo en tu cuerpo suave, en tu boca que se cuida de decir algo que no va a corresponder. Mis manos recorren el camino sabiendo su final. Un destino incierto, una oración suspendida, rezando y rosando el equívoco, a esta materia de llantos y cardos.

Ella tiene el recuerdo amable de mis días, una canción sonando en el televisor, un poco de agua fresca para convidarme. Yo iré con lo poco que soy, con mi desierto sediento, con mi voz quebrando toda regla de juego para beber del poema inesperado, del sigilo sugerido o de la metáfora olvidada, una gota más de lluvia en un febril verano.

IN THE MATTER OF TEARS AND THISTLES

The skin rules, there's nothing in these hours. A kiss thrown from the seventh floor falls out the window. A shooting light plays on the wood of the closet, shattering the dark desire. What hidden courage can sprout from these walls? What must we do to continue keeping these lonely kisses, these fading caresses, this avowed bashfulness of the soul?

I fall into your gentle body, in your mouth that is wary of saying something unbecoming. My hands walk down the path knowing how it ends. An uncertain fate, an interrupted prayer, beseeching and brushing past the ambivalence, to this matter of tears and thistles.

She keeps a kind memory of my days, a song playing on TV, and a bit of cool water to treat me. I'll go with what little I am, with my thirsty desert, with my voice breaking every rule of the game to drink from the unexpected poem, from the suggested stealth, or from the forgotten metaphor another drop of rain in a steamy summer.

Vidala para mi campo

—¿Sos de estas llanuras? —le pregunto a una niña de piernas chuecas.

Me responde:

—Soy del país de las vacas, soy una voz en el granero.

FOLK SONG FOR MY COUNTRYSIDE

"Are you from these prairies?" I asked the girl with crooked legs.

"I'm from cow country," she said. "I'm a voice in the barn."

VERDE CAMPO DE LA MADERA

El canto de una calandria reverdece la mañana. Camino al colegio, va la maestra y van los rostros simples de los niños que piden luz. Pronto ella volará y su trino será todo lo que queda.

¿Qué es un yunque, maestra? Como decir que a golpes puede surgir un arado. La madera no se trata como el hierro, y el fuego puede forjar una cadena y quemar las manos que atan.

La tiza es blanda, y en el verde campo de la pared se escribe un mundo de paisajes. Señores de grandes escritorios, abran las ventanas que dan al jardín, que ingresen quienes conocen la lluvia.

Un dedo pequeño toca la mano de la maestra, y unos ojos llenos de preguntas acercan un cuaderno. En el bullicio del aula, un lápiz dibuja la llama que permanece.

GREEN FIELD OF WOOD

A lark's song turns the morning green again. The teacher and the simple faces of the children asking for light are on their way to school. In a little while, it'll fly away and its trill will be all that's left.

What's an anvil, teacher? As if to say that a plow can arise from blows. Wood is not treated like iron, and fire can forge a chain and burn the hands that bind.

The chalk is soft, and in the green field of the wall a world of landscapes is being written. Gentlemen with large desks, open the windows overlooking the garden, let those who know the rain come in.

A small finger touches the teacher's hand, and several inquisitive eyes bring their notebooks a little closer. In the bustle of the classroom, a pencil is drawing the everlasting flame.

LA JAULA DE VIDRIO

Esta campana quema los sueños, espanta la voz del árbol, abre los ojos del miedo.

Más tarde veré que no me toca el viento. Aquí no crecen las azucenas, esta caja es la broma cruel de quien teje ilusiones.

La jaula no es el mundo y yo estoy en el centro. Aquí vives a expensa de lo que te dan, mira este dulce, toma esta moneda, bebe esta sed insaciable.

Esta prisión es una fábrica de engranajes truncados, de revoloteos, de lluvias frías. Todos estamos en ella, como moscas dentro de un vaso.

THE GLASS CAGE

This bell burns dreams, frightens off the tree's voice, opens the eyes of fear.

Later on I will see that the wind doesn't touch me. White lilies don't grow here; this box is a cruel joke from the weaver of illusions.

The cage isn't the world, and I am right at the center. Here you live at the expense of what they give you: look at this candy, take this coin, drink this unquenchable thirst.

This prison is a factory of truncated gears, of flutters, of cold rains. We're all in it, like flies inside a glass.

PEQUEÑO MITO

Más atrás de la noche, el cuerpo. Más atrás del cuerpo, el nombre. Más atrás del nombre, el origen.
    Así principia nuestra música.

A MINOR MYTH

Beyond the night — the body. Beyond the body — the name. Beyond the name — the origin.
    That's how our music begins.

El agua arde en las islas

El río crece otra vez y comienza la huella circular de esta historia; el agua quebranta la orilla, avanza sobre los campos, y se burla de los puertos.

Las ancianas rezan en la iglesia. Los funcionarios comen asado. Los niños, en medio del barro, abrazan a sus perros. La creciente llega a los ranchos pintados por las babas de los caracoles, el agua tiene un idioma difícil de pronunciar.

El día arde en las islas, las olas pegan en las canoas, el hombre sentencia a los hombres: *estos evacuados, siempre con la misma costumbre*. El diario retrata, fabula y desmiente. La radio canta, sortea un vino, y oculta las rosas podridas de nuestro destino.

El río es negro como el cielo y es blando entre mis manos.

WATER BOILS ON ISLANDS

The river's rising again, and the circular imprint of this story begins; the water breaks on the shore, advances over the fields and mocks the ports.

The old women are praying in the church. The civil servants are eating the roast. Children in the mud hug their dogs. The flood tide reaches the ranches painted with the slime of snails; water has a language difficult to pronounce.

The day is burning on the islands, the waves hit the canoes, the man passes judgment on other men: *These evacuees with their same old habits.* The newspaper depicts, fabricates and belies. The radio sings, raffles a bottle of wine and hides away the rotten roses of our fate.

The river is black like the sky and soft in my hands.

Canción criolla para el invierno

Sé de las heridas, de los ruidos de las cadenas arrastrándose en las fronteras. He visto la luz escondiéndose en los rincones, y la voz indeseada rumoreando sus conjuros. Nada se oculta en la raíz perversa, lo malvado es fuego que lacera nuestra piel. ¿Qué hacer con esta nieve ajena que encandila y quema?

Sé de la provocación, de la sed temblorosa que busca mi paso en falso. No hay río, no hay fruto, no hay lengua que pueda medirse en gotas, y no hay gotas que puedan fundirse en un caudal. ¿Cuál es la canción que me salva?

Espejo sobre espejo, imagen sobre imagen, de la boca puede salir el beso o la mordida. Miro el sauce y el viento jugando entre las hojas; mi hermano, en cambio, calcula cómo matar al ruiseñor que danza.

¿En qué mundo está la tiza que abre el mundo?

NATIVE SONG FOR THE WINTER

I know of the wounds, of the noises of chains being dragged at the borders. I've seen the light hiding in the corners and the unwanted voice whispering its spells. Nothing is hidden in the wicked root; evil is the fire scathing our skin. What can we do about this extraneous snow that dazzles and burns?

I know about the challenge, about the shivering thirst waiting for me to stumble. There's no river, no fruit, no tongue that can be measured in drops, and there are no drops that can flow together into a stream. What's the song that saves me?

Mirror on mirror, image on image, from the mouth may come the kiss or the bite. I look at the willow tree and at the wind playing among the leaves; instead, my brother is figuring out how to kill the dancing nightingale.

In what world can we find the chalk that opens the world?

INTEMPERIE

Hay mil casas pobres y cientos de niños bailando con el ángel de la muerte. Las moscas zumban donde el caballo cae. Todo es una lágrima del corazón de Kollwitz.

WIND AND WEATHER

There are a thousand poor houses and hundreds of children dancing with the angel of death. Flies buzz around where the horse falls down. Everything is a teardrop from Kollwitz's heart.

Elogio de la pregunta

¿Esta brisa, que entra en la materia de mi mente, sabe acaso de qué barro estoy hecho? ¿Sabe acaso que vivo cediendo ante la piedra? Castigo mi sangre que no respira la azucena, no escucha el benteveo, no encuentra el animal sediento de mi pecho.

La inocencia busca acercarme a la vida. Nuestra dura semilla la reparte el viento. Somos islas, el agua nos toca los pies.

IN PRAISE OF THE QUESTION

Does this breeze, entering my gray matter, know the kind of clay I'm made of? Does it know perhaps that I live yielding to the stone? I punish my blood that doesn't breathe the white lily, that doesn't listen to the great kiskadee, that doesn't find the thirsty animal inside my breast.

Innocence seeks to bring me closer to life. The wind spreads our hard seed. We are islands — water touches our feet.

Canto germinal de los mirlos

Yo besé la tez de mis muertos, caminé la escarcha de estas llanuras, y cerré los mapas que me llevaban al pasado. Bajo las notas de los mirlos, la semilla contiene la primavera.

GERMINAL CALL OF THE BLACKBIRDS

I kissed the skin of my dead, walked over the frost on these prairies and closed the maps that used to take me to the past. Under the blackbirds' songs, the seed contains the spring.

Crónica bajo el agua

Este abrazo compartido es la lluvia entre los cerros. La música de las palabras teje plegarias, y la nieve vencida nos ata a la cuna. ¿Cuánto vale tu mirada? ¿Cuánto pesa tu pecho mientras escampa?

Bajo la lluvia, una sustancia de amor.

Reportage from Under the Water

This shared embrace is the rain falling on the hills. The music of words weaves prayers, and the defeated snow binds us to the cradle. How much does your look cost? How much does your chest weigh when it's clearing up?

Under the rain, a substance of love.

Los inmigrantes de mi barrio

No se puede dejar la tierra, ni dejar de sentir la niñez en los rincones de la ciudad.

Don Tini Lamagne en la bicicleta, Margarita Abdala en su patio, postales del barrio que se afincan en el pecho. Florecían las madrugadas con el martilleo de Don Bogardi haciendo madrileños, el horno despertaba la aurora.

Uno puede transitar por otras geografías y siempre estará la imagen amorosa de María Albute, las ocurrencias de Martín Stieb, la alegría de Evaristo Álvarez, el saludo amable del Pepe y de Beba.

Dar vueltas en bicicleta, era recorrer un puñado de vecinos que me daban su paciencia.

La plaza era la colmena donde tomábamos mate entre amigos. Los lapachos y los jacarandás nos daban la frescura, las canciones, los amores.

La canzonetta italiana de la propagadora en los parlantes de la plaza, La Royal con su cerveza helada, unos flipers que agujereaban los bolsillos juveniles, son parte del fruto que seduce a la vida de presencias.

De la escuela a casa, la parrilla El Lazo, el Beto y el Lechuga, un saludo que traspasaba cualquier nostalgia.
Cruzando los ríos mi padre, en medio del verde, los abuelos, la granja.

THE IMMIGRANTS IN MY NEIGHBORHOOD

You cannot leave your homeland behind, nor can you stop sensing your childhood in the corners of the city.

Mr. Tini Lamagne on his bike, Margarita Abdala in her backyard, postcards from the neighborhood that took root in your chest. Mornings blossomed with Mr. Bogardi's pounding while baking sweet buns; the oven woke up the dawn.

You may travel through other lands, but María Albute's loving image, Martín Stieb's quips, Evaristo Álvarez's good cheer, and Pepe's and Beba's friendly greetings will always be there.

Riding on my bike meant to go through a handful of neighbors who welcomed me warmly.

The square was the hive where I drank maté with my friends. The trumpet trees and the fern trees gave us the serenity, the songs, and the love affairs.

The radio's Italian canzonetta on the speakers at the square, the Royal Café offering its cold beer, pinball machines that made holes in the pockets of my youth are all part of the fruit that seduces life with memories.

After school on my way home, El Lazo Restaurant, Beto and Lettuce, and a greeting that went beyond any nostalgia.

My father crossing the rivers; my grandparents and the farm in the middle of the green field.

Aquel joven va por el mundo con los ojos colmados de cosechas. Se carga por siempre el aroma de esas calles.

Hoy me visto con tu perfume, tus idiomas, tus sabores, para traerme la vida en estos versos.

¿Cómo perder la historia cuando la historia somos nosotros?

That young man goes around the world with his eyes full of crops. He always carries with him the scent of those streets.

Today, I'll dress up with your scent, your languages, your flavors to infuse life into these lines.

How can we get rid of history if history is us?

POEMA QUE QUERIA HABLAR DE LA SOLEDAD Y NO PUDO

Leo una trama de mimbres, y espero la danza que despierte una imagen.

El aire toca mis manos, juega en sus pliegues, y me susurra: "ninguna tijereta cambia sus plumas, sin cantar primero".

Detrás de la sombra del vino no hay huertos, mujeres, ni jaurías. Un cofre con recuerdos mordisquea mis ojos; me levanto y suplico: "Dios, escupe tu palabra". Las heridas pesan en mi guitarra y las palomas furiosas rujen en los maizales.

A Poem that Meant to Talk About Loneliness and Could Not

I'm reading a plot of reeds, and I'm waiting for the dance to stir an image.

The air touches my hands, plays on its skin folds, and whispers to me: "No fork-tailed flycatcher changes its feathers without singing first".

Behind the shadow of the wine there are no orchards, women or packs of hounds. A chest full of memories gnaws at my eyes; I stand up and beg: "God, spit out your word". The wounds weigh on my guitar, and the angry pigeons roar in the cornfields.

CANCIÓN DE LOS LAPACHOS

Hay silencio.
Ahora las flores nos perdonan
ATTILA JÓZSEF

La savia cae entre mis dedos. Suenan las campanadas de la iglesia y el aroma del incienso quema nuestros maderos. ¿Cómo se llora la luz? Acaricio tu cintura y siento la condena de mi tacto. ¿A qué hora la lluvia roció nuestras sábanas?

Todo va en secreto y el aire silba su canción entre los lapachos.

SONG OF THE TRUMPET TREES

> *There's silence.*
> *Now, the flowers forgive us.*
> ATTILA JÓZSEF

The sap falls down in my fingers. The church bells are tolling, and the scent from the incense is burning our beams. How would you cry for the light? I fondle your waist and feel my touch being rebuffed. When did the rain sprinkle our sheets? Everything's happening in secret, and the air whistles its song among the trumpet trees.

EL INVIERNO PRESERVA LAS ACACIAS

¿Qué debo gritar cuando se alzan en llamas los libros? El frío seca las plumas de los horneros y no hay ráfaga que silencie el ardor de nuestras penas.

El paso trunco de los obreros ya no se funde en el paisaje de la ciudad. El invierno preserva las acacias y desgrana la marcha sobre sus espaldas.

WINTER PRESERVES THE WATTLES

What should I cry out when the books rise up in flames? The cold dries up the feathers of the ovenbirds, and there's no squall to silence the smarting of our heartaches.

The shortened step of the workers no longer shades off into the city's landscape. Winter preserves the wattles and walks slowly on their backs.

TRÍPTICO DE LOS LABURANTES

ELLA

Se ha terminado la faena y ahora respiras un crisantemo en el aire tenue del día. El cuerpo cansado se libera. "No termines en mi boca, no quemes mi pan", susurra ella. La firme y suave sentencia tiene rostro de una ley que se hace ruego.

ÉL

Se ha terminado la jornada, y ahora respiras un cerezo en el aire tenue del día. El cuerpo cansado se libera del peso del yugo. "No silencies mis manos, no corrompas mi vino", dice él. La firme y enojada sentencia tiene callos y un rostro de oficio.

LOS DOS

Dentro del horario sonríen, asienten, claudican. El que paga escucha lo que quiere y olvida. El que cobra olvida lo que escucha, y respira un claro de bosque

Triptych of the Workers

She

The work is over, and you now breathe in a chrysanthemum from the day's thin air. The tired body frees itself. "Don't end up in my mouth, don't burn my bread," she whispered. The steady, gentle sentence has the face of a law that becomes a plea.

He

Today's work is over, and you now breathe in a cherry tree from the day's thin air. The tired body gets rid of the heavy yoke. "Don't silence my hands, don't degrade my wine," he said. The final, angry sentence has calluses and a rugged face.

Both Of Them

Within normal hours, they smile, nod, surrender. He who pays listens to what he likes and forgets. He who collects forgets what he hears and breathes in a clearing in the forest.

LEGADO DE AGUACILES Y MADRESELVAS

Él quería una casa humilde y aguaciles anunciando la primavera. Su vida eran rocas apretadas entre las manos. Los ojos le brillaban detrás de un espejismo.

Su mujer atesoraba las madreselvas, los rezos, la lluvia. Montañas de cosechas se guardaban en un frasco. En septiembre juntaba fotografías, nombres, y un ruego sin respuesta.

En el sueño trunco, un niño se anuncia entre cemento y arena.

.

.

A Legacy from Dragonflies and Honeysuckles

He wanted a humble dwelling and dragonflies announcing the spring. His life was rocks held tight in his hands. His eyes gleamed behind a mirage.

His wife treasured honeysuckles, prayers, and the rain. Mountains of crops were kept in a jar. In September, he'd gather photographs, names, and an unanswered prayer.

In the interrupted dream, a child announces himself amidst cement and sand.

MARIA MATILDE ZERVOSKY
ENSEÑA LAS HORAS

Si uno pudiera retornar los inviernos. Tus manos tibias y suaves. Mis ojos atentos en los números y las agujas. Una manecilla es un ancla en el patio, me dices, la varilla más grande es un vuelo encendido. Quince minutos donde fuimos palomas, volamos juntos rozando los techos.

En tu regazo jugaba un reloj plateado como las cacerolas donde fundías tus cultos. Ahora lo guardo prendido de aromas, tacuarita que lleva el minutero a saltos.

En las espigas del viejo péndulo, abuela, tu recuerdo entibia mi niño.

María Matilde Zervosky Teaches How to Tell Time

If one could only get the winters back. Your warm, soft hands. My eyes paying attention to the numbers and the hands of the clock. A hand is an anchor in the yard, you told me; the longer rod is a burning flight. Fifteen minutes when we were pigeons: we flew together, brushing past the roofs.

A silver clock played on your lap, like the pans wherein you melted your beliefs. I now keep it soaked with scents, a cuckoo that carries the minute hand by leaps and bounds.

Grandma, your memory warms up the child in me on the rods of the old pendulum.

DE HORTENSIAS

A Elena

¿Adónde vas con este cielo de breves cigarras? Un poema toca tu puerta. Acunas las páginas, vuelan tus nidos, riegas las plantas. En las voces de siempre, una hortensia bendice la mañana.

ABOUT HYDRANGEAS

To Elena

Where are you going under this sky of short-lived cicadas? A poem is knocking on your door. You cradle the pages, your nests are flying, you water the plants. In its usual voice, a hydrangea welcomes the morn.

Diatriba contra un hombre poderoso

> *Y le juro, creameló,*
> *que he visto tanta pobreza,*
> *que yo pensé con tristeza,*
> *Dios por aquí, y no pasó.*
> ATAHUALPA YUPANQUI

Tú, que siembras las piedras que otros tropezarán en sus caminos, ¿Cuál es la primer luz que ves en el día? Escribes una minuta en un libro esquivo. Tu sangre no sabe de amor, llevas el corazón en un frasco y dices: *Yo entiendo tu dolor.*

Un niño pide monedas en la esquina, y encierras su pequeñez en la oscuridad de tus pensamientos. Un giro de tiempo. Un trazo de tinta en el papel traidor. No hay sauce ni sombra que junte el llanto de sus mejillas.

De norte a sur estiras tu lengua, y gritas al mundo: *divulguen ortigas, talen los bosques, escupan tormentas.* ¿Cuándo saciarás tu sed, polilla que desalmas mi traje de fiesta?

Vendrán tus días aciagos, y verás nuestros ojos.

AN INVECTIVE AGAINST A POWERFUL MAN

And I swear to you, believeyoume,
That I've seen so much poverty,
That I sadly thought,
God was here, but He didn't stop by.
ATAHUALPA YUPANQUI

You, who sow the stones that others will stumble upon in their footpaths, what is the first light you see in the dawn? You write a draft in an elusive book. Your blood doesn't know about love; you carry your heart in a jar and say: *I understand your pain.*

A child is asking for coins at the corner, and you shut away his smallness inside the darkness of your thoughts. A change of time. A trace of ink on the traitorous paper. There's no willow or shadow that can gather the tears from his cheeks.

You stretch your tongue from north to south and yell to the wide world: *spread the nettles, cut down the trees, spew up storms.* When will you quench your thirst, you moth ravaging my Sunday best?

Your fateful days will come, and you'll see our eyes.

Herbario sentimental de la hermana

A Daniela Geese

Dos ojos para seguir tus pasos, tu voz pequeña se hacía luz entre las plantas del patio. Como los gorriones tus pies se mueven a los saltitos, mariposa tenue con aroma a niño.

Decías: *Este es un helecho, este es un malvón, estas son cintitas para jugar los dos.* Las macetas de la abuela sabían de nuestra fascinación.

Cuando nadie nos veía, cortábamos brotes, y una sonrisa giraba como quien muerde una galleta.

My Sister's Sentimental Herbarium

To Daniela Geese

Two eyes to follow your footsteps, your little voice would become light among the plants in the backyard. Like sparrows, your feet move by skipping — delicate butterfly smelling like a child.

You'd say: *This is a fern, this is a geranium, these are tiny ribbons we can both play with.* Grandma's flowerpots knew about our fascination.

When no one was watching, we'd cut buds, and we'd smile as if we were biting a cookie.

EL CIELO DE LOS NADIE

El día se refugia en nuestro camino. En la calma esperamos la floración de los cactus. No sabemos cuántas nubes tiene la mañana. El cielo devela su secreto. Nosotros saboreamos su mudez.

    El frío junta nuestras manos en el fuego de un pan.

THE SKY OF THE DESTITUTE

The day takes refuge in our path. Quietly, we wait for the cactus to bloom. We don't know how many clouds the morning has. The sky reveals its secret. We relish its silence.

The cold joins our hands in the fire of a loaf of bread.

Partitura campestre
de las ciudades

El color apretado de la mañana comienza a romperse. Los acentos se mezclan y componen un nuevo ritmo. Miles de obreros y oficinistas transitan la partitura gris de la ciudad.

Son la nueva lengua, la estación que inventa la fresca miel de las abejas.

THE RUSTIC MUSICAL SCORE
OF THE CITIES

The dark color of the dawn begins to break. The accents intermingle and compose a new rhythm. Thousands of workers and clerks walk along the streets of this city's gray score.

They're the new tongue, the season that makes up the fresh honey of the bees.

MONÓLOGO DE LA DISTANCIA

Las calles desbordan tu presencia y no te hallo. Acaricias mis cejas, perfumas mi página, confundes mi vino. ¿Dónde está el vaso de agua fresca, tus palabras cuidando la débil primavera?

Bajo el grueso abrigo, mi voz busca una vocal que te despierte.

Soliloquy About Distance

The streets overflow your presence, and I don't find you. You stroke my eyebrows, my page carries your scent, you mix up my wine. Where's the glass of cool water, your words watching over the feeble spring?

Under the thick overcoat, my voice is searching for a vowel that may awaken you.

LA BELLEZA NUNCA

Otra vez jugamos con las cartas marcadas, de entrada supimos quién iba a ganar y quién iba a perder. Nada domina los días de mi escritura. La belleza nunca me cuestiona, sus ojos son compasivos.

Una conga me recuerda tus nalgas, mi Dama de la Noche, siempre envolviendo nuestra música.

BEAUTY NEVER

Once again we played with marked cards; from the start, we knew who was going to win and who was going to lose. Nothing holds sway over my writing days. Beauty never challenges me — she has merciful eyes.

A conga reminds me of your buns, my Lady of the Night, always enveloping our music.

H/AY AMOR

Me hundí en tus ojos celestes y acaricié la ensoñación que fueron nuestras vidas. Aquella sonrisa de helechos con sabor a puchero, los agujeros del queso gruyer, el silbido amoroso del paisano. Dime, María Matilde ¿Por qué aún me siento niño frente a tus párpados piadosos?

La rosa de los labios es frágil y el sol se clava en un gladiolo. Tu mano entre las mías atesoran la distancia. *Hay amor, nona, hay amor*. Dos ángeles sollozan tu partida. Nos sabemos vivos y nos sentirnos pobres y subterráneos. Dejamos que el corazón comprima en un beso, lo que no pudo sostener el aire.

OH, DEAR/THERE'S LOVE

I sank into your deep-blue eyes and caressed the reverie that our lives used to be. That stewed-flavored smile of ferns, the holes in a Gruyère cheese, the peasant's loving whistle. Tell me, María Matilde, why do I still feel like a child in front of your pious eyelids?

The rose of your lips is delicate, and the sun plunges into a gladiolus. Your hand in mine treasures the distance. *There's love, nana, there's love.* Two angels are grieving your farewell. We know we're alive, and we feel poor and below the ground. We let the heart squeeze in a kiss what the air was not able to hold.

UNA GUARANIA PARA SALVAR

Saboreemos
la canción estupenda, la canción dicha
con los labios inferiores del deseo.
CÉSAR VALLEJO

Dejamos que la melodía dance en nuestros cuerpos. En un abrazo atamos la sed de nuestros destinos. Bailamos lo que duró el sol y la luna. Las olas de esta música hicieron navegar nuestras piedras.

¿Por qué no quebrar el disimulo si podemos vencer el olvido? Bebimos del arpa sus esteros. Repetimos la única melodía que sabemos. Sanamos nuestra piel con la sal de un corazón esquivo.

Antes de componer esta guarania, descansé mi voz en un clavel del aire, pronuncié tu nombre: Bárbara.

A Guaranía to Escape from Danger

> *Let's savor*
> *The wonderful song, the song said*
> *With the lower lips of desire.*
> CÉSAR VALLEJO

We let the melody dance in our bodies. We tie the thirst of our fates in an embrace. We danced what the sun and the moon lasted. The waves of this music made our stones sail.

Why not stop the deceit if we can overcome oblivion? We drank the estuaries from the harp. We repeated the only melody we knew. We healed our skin with salt from an elusive heart.

Before composing this guaranía, I rested my voice on a carnation of the air and uttered your name: Barbara.

PARTIR ES PARTE DEL JUEGO

Hicimos piedra los sonidos y jugamos a morder la música que nos rodeaba. Un aroma a barco, una luz que desangra, un azahar que se derrite en nuestros vientres.

Me abracé a tu vestido hasta que el último compás de tu lengua dijo adiós.

To Leave Is Part of the Game

We made rocks out of sounds and played at biting the music surrounding us. A scent of ships, a light that is bleeding out, an orange blossom that is melting in our bellies.

    I hugged your dress until the last beat of your tongue said goodbye.

Erotismo y tierra

Mujer, ¿dónde está la Eva que habita tu cuerpo? Huelo el río que nutre el manzano y degusto el sol que tersa tu rodilla. La fragancia reposa, mi calma se dispone ante tu voz. Suelta las alas, mi delirio es el peso de la tierra.

Eroticism and the Land

Woman, where is the Eve that dwells in your body? I smell the river nourishing the apple tree and taste the sun smoothening your knee. The aroma rests, my composure is getting ready for your voice. Release the wings, my madness is the weight of the earth.

LASITUD LATENTE

¡Cómo quema tu nombre! El jarrón ya no tiene las azucenas. Ante el gusto campestre de tu trigo, mojo mis labios en tus cabellos. Imploro que tu piel no duerma en el sigilo de mis años. Pestaña que punzas mi lamento.

IMPENDING EXHAUSTION

How it burns your name! The vase no longer holds the white lilies. Before the country taste of your wheat, I wet my lips in your hair. I implore that your skin may not sleep in the stealth of my years. Eyelash that pricks my lament.

Cucharas para el *Opprobrium*

Cerraron el portón de la fábrica y nuestros ojos se llenaron de semillas. ¿Adónde iremos, señor de fino traje, cuando las cucharas sopeen el oprobio? Un fogón de ahogos calienta nuestro cuerpo, una llovizna gris compadece nuestra dicha, y una canción amarga estalla en nuestras venas.

SPOONS FOR THE DISGRACE

They closed the factory gate and our eyes were filled with seeds. Where shall we go, oh lord elegantly dressed, when the soup spoons gulp the disgrace? A stove of breathlessness heats up our body, a gray drizzle sympathizes with our bliss, and a bitter song blows up in our veins.

La Ternura

En los inviernos estudiábamos al calor de la cocina. Los aloes y los potus cantaban solos en el patio y las bicicletas dormían la siesta esperando el amor de nuestras risas. La olla a presión silbaba nuestro frío; entre carpetas, cucharones y libros respirábamos la salsa de un estofado.

Un beso materno nos enviaba camino a la escuela.

TENDERNESS

During the winters, we studied by the fireside. The aloe and the devil's ivy sang by themselves in the backyard, and the bikes took a nap waiting for the love of our laughs. The pressure cooker whistled our cold; among folders, ladles and books, we breathed in the gravy of the stew.

A kiss from our mother sent us on our way to school.

Requiem de la despedida

A Rubén Nicolás Quse, i.m.

Viajé a tu pueblo, y llegué a tu casa de viejas baldosas y erguido limonero. Nos saludamos con un tango, cada uno sabía el fin del camino. Sentí tu abrazo tierno en tu pecho quejoso. La barba incipiente marcaba la tregua y conversamos largo como dos amigos.

A Farewell Requiem

To Rubén Nicolás Quse, in memoriam

I traveled to your village and arrived at your house of old tiles with an upright lemon tree. We greeted each other with a tango; we both knew the end of the road. I felt your affectionate hug in your whizzing chest. Your stubble established the truce, and we talked at length like two friends.

LA PRIMERA MÚSICA

Después de la cena, crecía mi amistad con la madera. Los acordes nutrían la quietud del barrio. Un ladrido nocturno festejaba el regreso de su amo. Todas las horas son de la alegría, me dije, y la música soplaba el minutero.

Cuando el gallo afinaba sus notas mi amor descansaba liviano. El sueño de la abuela, la paz de las semillas, un fresno poblado de gorriones. La vida se hacía poema y, sin saberlo, en su nido me fui quemando.

The First Music

After supper, my friendship with the wood grew. The chords nurtured the quietness of the neighborhood. A bark in the night welcomed the return of its master. All the hours belong to mirth, I said to myself, and the music blew the minute hand.

When the rooster was tuning up its notes, my love was resting, weightless. Grandma's dream, the peace of the seeds, an ash tree populated by sparrows. Life was becoming a poem and, unbeknownst to me, I began to burn in its nest.

UN GARDEL PARA LA DESPEDIDA

A Nicolás Quse, i. m.

Una trompada al dolor: el nido golpeó las piedras y el cielo se olvidó del sol.

Era noche en la tristeza. ¿Quién se robó los ojos de mi madre? El silencio habitaba la casa. Me dijeron que su aliento viajaba muy lejos, pero yo veía cerca del piano su sombra, su boina, su estampa.

Vi su cuerpo retratado, mi cariño corrió al encuentro estremeciendo el beso, derrotando nuestros juegos, corrompiendo la inocencia. ¿Dónde estaba la tibia frente donde niñeaban nuestros años?

En tu ancha cama, abuelo, acurruqué mi siesta, para soñar lo tibio, para cerrar lo herido, para morir lo muerto.

A Gardel's Tango for the Farewell

To Nicolás Quse, in memoriam

A blow to the pain: The nest struck the stones, and the sky was oblivious of the sun.

The night fell on our grief. Who made away with my mother's eyes? Silence took over the house. They told me that his breath traveled far, but I still saw his shadow, his beret, his presence near the piano.

I saw his body in a picture, my love ran to meet him with a quivering kiss, defeating our games, warping innocence. Where was the warm forehead where our childhood years had rolled by?

Grandpa, I snuggled to nap in your wide bed, to dream about the warmth, to close the wounds, to let die the dead.

En el país de las marionetas

A José Pedroni, i. m.

¡La alegría viene pronto, se levanta un tablado, los niños juntan en sus ojos la frescura del teatro!

Presenta Pedro Pedrito, sonríen los ojitos mansos. La música suena en la sala, las risas estallan de a ratos. Conversan Payasín, Dulcilla, un chancho; sorprenden la liebre, la vieja, y el Diablo.

En tu mirada redonda de poemas, se esconde tu mujer soñando, este vestido para Margarita, ésta nariz verde para el sapo, Elena lleva justicia en cada puntada que va hilvanando.

¡Sonrían los que vencen la tarde! ¡La función ha comenzado!

IN THE LAND OF PUPPETS

To José Pedroni, in memoriam

Joy is coming soon, a stage rises, the children gather in their eyes the freshness of the theater!

Peter Pete presents: the tiny, gentle eyes smile. Music is playing in the room, they burst out laughing now and then. Punch, Judy and Freddy the pig are having a chat; the hare, the old woman and the devil take them by surprise.

In your poetry-filled gaze, your wife is dreaming in hiding: this dress for Peggy, this green nose for the toad — Elena metes out justice with every stitch she makes.

Conquerors of the evening smile! The show is about to start!

SEIS CUERDAS PARA UNA PALOMA

> *Cae la música en la música como mi voz en mis voces.*
> ALEJANDRA PIZARNIK

Te llevaron, paloma herida, donde soltaban a beber a sus caballos. No se veía más allá de dos luces. Hedor rancio en las copas de los álamos, dolor antiguo en el fuego. Ahí tu grito supo de la garra, número en el intrincado libro de los finales.

Tu canto simple en sus manos toscas, tu mirada joven en su sed macabra, la única lealtad es la traza que hay entre sus gestos y tu suspiro.

Amortajaron los sentimientos en la estrecha palma de su noche, dejaron en nuestras manos la luz de las magnolias, un grito que se hace víscera en la voz de tus deudos.

SIX STRINGS FOR A DOVE

Music falls into the music the way my voice falls into my voices.
                                    ALEJANDRA PIZARNIK

They took you, wounded dove, to where they let their horses free to drink. Nothing could be seen beyond two lights. Stale stench from the tops of the poplar trees, ancient sorrow in the fire. It was there that your cry learned about the claw, a number in the intricate book of endings.

Your simple song in his coarse hands, your youthful gaze in his gruesome thirst, the only loyalty is the line drawn between his expressions and your sigh.

They shrouded the feelings in the narrow palm of his night, they left the light of magnolias in our hands, a cry that becomes innards in the voice of your mourners.

Preguntas antes de viajar

¿Qué pureza existe en los límites, vigilante de la nieve? ¿Cuál es la frontera que aparta nuestros territorios? Como cuchillos abandonados, las imágenes lastiman mi frente. Es un fuego que ampolla mis ojos, nada puede ser visto como antes.

Tú, viejo aliado, guardián del antiguo frío, haces sonar la campanilla de los agonizantes, y vienes con tu beso parco, con tu miel oscura a derrotar mis miedos. No hay refugio en tu paso velado.

Guardaré la luna en mi pecho, y dejaré estas glicinas sembradas para los que amo.

QUESTIONS BEFORE TRAVELING

What kind of purity is there in the limits, watchman of the snow? Which one is the border that separates our lands? Like knives left behind, the images hurt my forehead. It's a fire that blisters my eyes, nothing can be seen like before.

You, old ally, keeper of the ancient cold, ring the bell of the dying and come with your sparing kiss, with your dark honey to defeat my fears. There's no shelter from your stealthy passage.

I will keep the moon in my chest and plant these wisterias for my loved ones.

CELEBRACION DE ESPERANZA

Cuando los amigos comenzaron a latir en la sangre, mis pies dejaron atrás el umbral de la casa.

Las veredas del otoño daban su último canto, un ritual adolescente festejaba la desnudez de cada rama.

Me incliné al mundo para cerrar los ojos, y al abrirlos supe de las páginas que no había leído.

¿Cuántos caminos hay entre mi cuerpo y el de los otros? Un libro dibujaba la plenitud y un mate acercaba los afectos.

La imaginación era un cántaro que mezclaba los límites del agua.

El rojo de la tierra, la flor que lloraba magma, las piedras que caían del cielo: Neruda siempre navega y canta.

Mi casa era una colmena de niños y letras, todos cobijados por la Seño de Máquina. Añsldkfj, espacio, añsldkfj, espacio; pulso a pulso la vista en el papel, la confianza en el teclado.

Los tipeos acariciaban el aire, los lenguajes jugaban con mi adolescencia, guitarra de la noche, poemas del lucero, amigos para vencer los años.

Revelry of Hope

When my friends began to throb in my blood, my feet left the threshold of the house behind.

The autumn sidewalks were belting out their last tune, a teenage ritual was celebrating the bareness of each branch.

I bowed to the world to close my eyes, and when I opened them I knew of the pages I hadn't read.

How many roads are there between my body and those of others? A book was drawing plenitude, and a cup of maté brought the affections close.

The imagination was a jar that mixed the limits of water.

The red soil, the flower that cried magma, the stones that fell from the sky: Neruda is always sailing and singing.

My house was a hive of children and letters, all protected by Miss Typewriter. Añsldkfj, space, añsldkfj, space; clickety clack, one by one the eyes on the paper, confidence in the keyboard.

The typing caressed the air, the languages played with my adolescence, guitar of the night, poems of the morning star, friends to defeat the years.

Entre espinas y algodones del palo borracho, compartíamos poemas en el patio de la escuela. Sarita y yo sacábamos un papel doblado de nuestros bolsillos, leíamos las floraciones y unas ramas cargadas de encantamiento.

Bandadas de bicicletas mordían el asfalto, completábamos con la risa la sed que el mundo no saciaba.

Una abuela y una madre, con el sentimiento partido, me daban la pálida luna que dormitaba en sus brazos. Dios ¿por qué sufren las mujeres si aún en este otoño veo florecer los malvones en el patio?

El amor es un poema, que algunas veces sangra despacio.

Fueron las tardes de aprender las canciones de la radio, fue el recital de Gieco y Lalo de los Santos, las auroras de Baglieto y de Charly que ponían verdades a una siesta silbada por los gorriones y los aromos.

Los bailes de los viernes en la Sociedad de Canto, abrir la ventana, soñar los compases de un cantor de barrio.

La vida se celebra con lo sordo, lo mudo, lo luminoso y lo amargo. Se hornea la esperanza de crecer, de escuchar la greda del trabajo, de parir con el amor a gritos. Se honra cada oficio, cada cosecha, cada rezo.

Among thorns and cotton from the silk floss tree, we shared poems at the schoolyard. Sarita and I would pull out a folded paper from our pockets and read the blossoming and some branches laden with spells.

A swarm of bikes bit the asphalt, we complemented with our laughs the thirst the world hadn't quenched.

With a broken feeling, a grandmother and a mother gave me the ghostly moon that was dozing in their arms. God, why do women suffer if even in this autumn I see the geraniums bloom in the backyard?

Love is a poem, which sometimes sluggishly bleeds

.

Those were the evenings when we learned songs from the radio: Gieco and Lalo de los Santos's concert, dawns with Baglieto and Charly who would stamp their truths on a snooze whistled by sparrows and acacias.

Friday dances at the Singing Society, opening the window, dreaming the measures of a neighborhood crooner.

Life is celebrated with the deaf and the mute, with the luminous and the bitter. We bake the hope to grow, to listen to the clay of work, to give birth with love at the top of our lungs. We pay tribute to every trade, every harvest, every prayer.

Hay libros que resoplan mi ánimo, hay libros que sacian mis potros, hay libros que hamacan mi lengua y sacuden mis pasos.

Hércules Poirot era una cita belga, un hermoso domingo, bizcochuelo en la boca, en los dedos Czerny y un piano.

Leer era viajar por los países. Al fin de la tarde el ángel de la biblioteca mueve los libros, puebla de sonidos mis manos, y me da una sonrisa en los versos de una canción.

There are books that puff out my temper, there are others that satisfy my colts, and still others that rock my tongue and shake my footsteps.

Hercules Poirot was a Belgian quotation on a beautiful Sunday, with a piece of sponge cake in my mouth, and Czerny in my fingers on a piano.

Reading was like traveling around the world. By dusk, the library's angel moved the books, populated my hands with sounds, and smiled at me through the lines of a song.

*Quien no rompió una cuerda
no conoce la música.*

RAÚL GUSTAVO AGUIRRE

*He who hasn't snapped a string
Doesn't know music.*

RAÚL GUSTAVO AGUIRRE

ACERCA DEL AUTOR

Sergio Geese. Esperanza, Santa Fe, Argentina, 1968. Poeta, investigador literario, y letrista y compositor. Publicó el libro de letras de canciones y poemas *La Fuerza de los Impávidos* (Buenos Aires, 2010) y el CD de música popular *El país de mis ojos* (Buenos Aires, 2018), donde comparte obra con los compositores Pablo Budini, Flavio Gauna, y Fernando Lernoud. Su trabajo poético está incluido en la antología bilingüe *A Sul de Nenhum Norte* (Portugal, 2013). Estudió letrística con Adrián Abonizio en el Centro Cultural Rojas, con Diana Bellessi en los talleres de letrística en SADAIC, y los seminarios de poesía latinoamericana con Jorge Boccanera en la Universidad Nacional de San Martín. Actualmente está radicado en Buenos Aires, Argentina.

ABOUT THE AUTHOR

Sergio Geese. Esperanza, Santa Fe, Argentina, 1968. Is a poet, literary researcher, songwriter, and composer. He has published *La fuerza de los impávidos* [The Strength of the Undaunted] (Buenos Aires, 2010), a volume of lyrics and poems, and *El país de mis ojos* [The Country of my Eyes] (Buenos Aires, 2018), a CD of folk music, where he shares his work with other composers, such as Pablo Budini, Flavio Gauna, and Fernando Lernoud. His poetic output has been included in Sul de nenhum norte [South of No North] (Portugal, 2013), a bilingual [Portuguese/Spanish] anthology. He studied songwriting under Adrián Abonizio at Centro Cultural Rojas and under Diana Bellessi at SADAIC, and he participated in Latin American poetry seminars with Jorge Boccanera at Universidad Nacional de San Martín. He currently lives in Buenos Aires, Argentina.

ÍNDICE

LA CANCIÓN QUE ME SALVA

El duelo · 12
Oración antes de nacer · 14
Una Madre Suiza · 16
Carta de despedida para Alberto · 18
Bambuco de los exiliados · 20
Círculos de Dante · 22
El grito sagrado · 24
La Tregua · 28
La Poesía · 30
El Agua · 32
Las Cartas · 34
Los Peces · 36
Tango sin Pan · 38
La Calle Desnuda · 40
Tratado de la ira · 42
Yaraví para los nuestros · 44
El Mapa · 46
Los perdidos · 48
El Tesoro Escondido · 50
Las Cuatro Estaciones · 52
Poema en Prosa a los Navegantes · 54
Telegrama de Humor contra la Desigualdad · 56
Materia de llantos y cardos · 58
Vidala para mi campo · 60
Verde campo de la madera · 62
La jaula de vidrio · 64

CONTENTS

THE SONG THAT SAVES ME

The Duel · 13
Prayer Before Being Born · 15
A Swiss Mother · 17
A Farewell Letter for Alberto · 19
The Exiles' Bambuco · 21
Dante's Circles · 23
The Sacred Scream · 25
The Truce · 29
Poetry · 31
Water · 33
The Letters · 35
The Fish · 37
A Tango Without Bread · 39
The Naked Street · 41
A Treatise on Rage · 43
Torch Song for Those Like Us · 45
The Map · 47
The Lost · 49
The Hidden Treasure · 51
The Four Seasons · 53
Prose Poem to Sailors · 55
Humorous Telegram Against Inequality · 57
In the Matter of Tears and Thistles · 59
Folk Song for my Countryside · 61
Green Field of Wood · 63
The Glass Cage · 65

Pequeño mito · 66
El agua arde en las islas · 68
Canción criolla para el invierno · 70
Intemperie · 72
Elogio de la pregunta · 74
Canto germinal de los mirlos · 76
Crónica bajo el agua · 78
Los inmigrantes de mi barrio · 80
Poema que quería hablar de la soledad y no pudo . 84
Canción de los lapachos · 86
El invierno preserva las acacias · 88
Tríptico de los laburantes · 90
Legado de aguaciles y madreselvas · 92
María Matilde Zervosky enseña las horas · 94
De hortensias · 96
Diatriba contra un hombre poderoso · 98
Herbario sentimental de la hermana · 100
El cielo de los nadie · 102
Partitura campestre de las ciudades · 104
Monólogo de la distancia · 106
La belleza nunca · 108
H/ay amor · 110
Una guarania para salvar · 112
Partir es parte del juego · 114
Erotismo y tierra · 116
Lasitud latente · 118
Cucharas para el opprobrium · 120
La ternura · 122
Requiem de la despedida · 124
La primera música · 126
Un Gardel para la despedida · 128

A Minor Myth · 67
Water Boils on Islands · 69
Native Song for the Winter · 71
Wind and Weather · 73
In Praise of the Question · 75
Germinal Call of the Blackbirds · 77
Reportage from Under the Water · 79
The Immigrants in my Neighborhood · 81
A Poem that Meant to Talk About Loneliness… · 85
Song of the Trumpet Trees · 87
Winter Preserves the Wattles · 89
Triptych of the Workers · 91
A Legacy from Dragonflies and Honeysuckles · 93
María Matilde Zervosky Teaches How to Tell Time · 95
About Hydrangeas · 97
An Invective Against a Powerful Man · 99
My Sister's Sentimental Herbarium · 101
The Sky of the Destitute · 103
The Rustic Musical Score of the Cities · 105
Soliloquy About Distance · 107
Beauty Never · 109
Oh, Dear/There's Love · 111
A Guaranía to Escape from Danger · 113
To Leave Is Part of the Game · 115
Eroticism and the Land · 117
Impending Exhaustion · 119
Spoons for the Disgrace · 121
Tenderness · 123
A Farewell Requiem · 125
The First Music · 127
A Gardel's Tango for the Farewell . 129

En el país de las marionetas · 130
Seis cuerdas para una paloma · 132
Preguntas para antes de viajar · 134
Celebración de Esperanza · 136

Acerca del autor · 146

In the Land of Puppets · 131
Six Strings for a Dove · 133
Questions Before Traveling · 135
Revelry of Hope · 137

About the author · 147

Colección
MUSEO SALVAJE
(Homenaje a Olga Orozco)

1
La imperfección del deseo
Adrián Cadavid

2
La sal de la locura
Fredy Yezzed

3
El idioma de los parques / The Language of the Parks
Marisa Russo

4
Los días de Ellwood
Manuel Adrián López

5
Los dictados del mar
William Velásquez Vásquez

6
Paisaje nihilista
Susan Campos-Fonseca

7
La doncella sin manos
Magdalena Camargo Lemieszek

8
Disidencia
Katherine Medina Rondón

9
Danza de cuatro brazos
Silvia Siller

10
Carta de las mujeres de este país / Letter from the Women of this Country
Fredy Yezzed

11
El año de la necesidad
Juan Carlos Olivas

12
El país de las palabras rotas / The Land of Broken Words
Juan Esteban Londoño

13
Versos vagabundos
Milton Fernández

14
Cerrar una ciudad
Santiago Grijalva

15
El rumor de los duraznos
Linda Morales Caballero

16
La canción que me salva / The Song that Saves Me
Sergio Geese

17
El nombre del alba
Juan Súarez Proaño

18
Tarde en Manhattan
Karla Coreas

Colección
PIEDRA DE LA LOCURA
Antologías personales
(Homenaje a Alejandra Pizarnik)

1
Colección Particular
Juan Carlos Olivas

2
Kafka en la aldea de la hipnosis
Javier Alvarado

3
Memoria incendiada
Homero Carvalho Oliva

4
Ritual de la memoria
Waldo Leyva

5
Poemas del reencuentro
Julieta Dobles

6
El fuego azul de los inviernos
Xavier Oquendo Troncoso

7
Hipótesis del sueño
Miguel Falquez-Certain

8
Juntamente
Ricardo Yañez

Para los que piensan, como Federico García Lorca, que la poesía es algo que anda en la calle, este libro se terminó de imprimir simultáneamente en el mes de marzo de 2019 en los Estados Unidos de América; en Buenos Aires, en Abisinia Editorial; y en Bogotá, en los talleres de Imagen Editorial, en papel bulky de 59.2 g. y tipografía Garamond, con un tiraje de 300 ejemplares.

www.ingramcontent.com/pod-product-compliance
Lightning Source LLC
Chambersburg PA
CBHW031134090426
42738CB00008B/1082